令和元年
母がボケました。

横田 たかこ

repicbook

目次

ボケと闘う母

ボケと言っても
最初から
何もわからない
わけじゃない

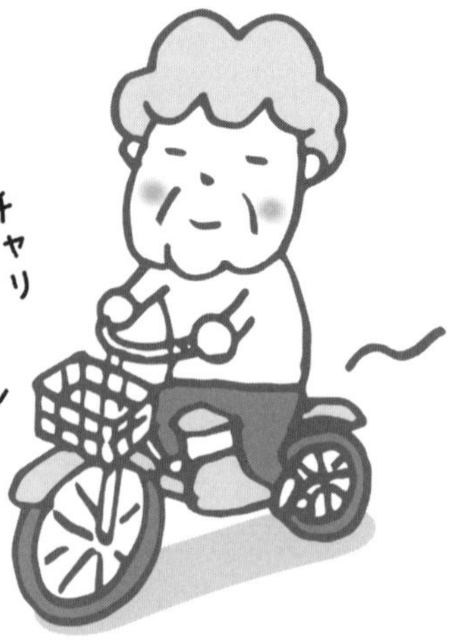
80歳過ぎても
自転車
乗りまわすよ～
チャリ
チャリ～ン

料理も
買い物も
掃除も
何でも一人で
できるよ
サッ
サッ
スーパー

そんな母に
ポツンポツンと
部分的に
「ボケ」が
顔を出し始めました

平成最期のお正月
母はゴミに
埋もれていた
○× 通販
○○○
健康食品

ボケは少しずつ
少しずつやってくる

お釣り

細かいお金の計算が面倒になり
100円玉と えっと・・・
689円です
¥689
全部お札で払うから
はいっ
¥689
1,000
お財布が小銭で
パンパンッ
500
100
10

洗濯物

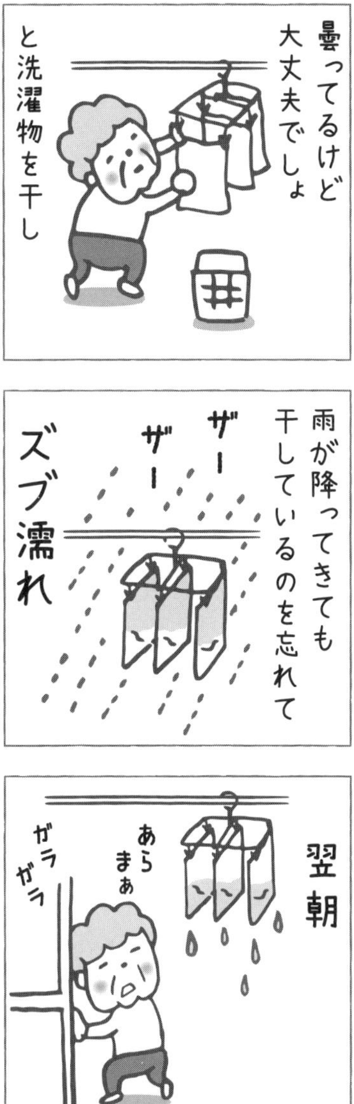
曇ってるけど大丈夫でしょ
と洗濯物を干し
雨が降ってきても干しているのを忘れて
ザー
ザー
ズブ濡れ
翌朝
あらまぁ
ガラガラ

カルビの末路

奮発してカルビ買ってきたよ～
これ片付けたら焼肉にしよう
ウロ
ウロ
あせ
あせ
あせ
あせっ
ゴミ
ゴミ
ちょっと目を離したら
あー
カルビが全部茹でられてたぁ・・・

ついにその時が

母の様子がおかしくなって夜な夜な部屋にやってくるようになり
チラッ
郵便局の人が一緒に来て下さいって言ってたよ
ねえ ねえ
信用金庫に一緒に行ってちょーだい
不動産屋さんに今週中に行かないと～
雨漏りが～
通帳とハンコがどこにもないんだよぉ～
探してー
バタンッ
「ついにボケた」と思った瞬間
ガーン
とてつもない不安がのしかかってきた

はじめの一歩

妹や友達に相談し
ううっ
毎晩通帳が無いってドア叩いて叫んでるの・・・
ネットで調べまくり
カチャ
カチャ
認知症とは
妹に来てもらい何から始めるか計画を立て
プラン
まず最初に「地域包括支援センター」に行き相談
地域包括支援センター
状況を話し登録して病院を紹介してもらいケアマネージャーさんに相談する事になった
誰かに相談できる事がありがたかった
この先どうすればいいか道筋も見え
不安な心がちょっぴり軽くなった
希望
ふわ
ふわ

スタート

翌週からいろいろ検査をして
ビ～ン
ひとまず処方してもらった薬で様子をみる事に
クリニックに通い
○○クリニック
ケアマネさんにも相談
お加減いかがですか？
辛い事とかありますか？
とってもいいです
どこもなんともないです
本人に自覚なし
デイサービスを見学
よろしくお願いします

ヘルパーさんに
来てもらえる
事になり
お買い物一緒に
行きましょう

多くの人に
助けられながら
ヨ〜イ
母の介護が

始まった
ドーン
スタタタッ

できることから

母の介護が始まった時
カウントダウンも始まった気がした
が
センチメンタルな気分に浸ってるヒマはなかった
ゴミ問題→
まともに火がつかないガスコンロ
片側からしか火が出ない そして火がデカイ
知らないうちにいろいろ加入したり契約したり
なぜこんなに高い？
光熱費 オプション フル装備
使用料
請求書
○月分 請求書

認知症と診断されてから
契約されてしまった
動力電気
こちらの方が
お得ですよ
飛び込み
営業
2年縛りのため
解約できない
数量を間違
えて大量に
届いた商品
処分する
のも手間
高齢者には
通販やチラシでの
購入は難しい・・・
ひっきりなしに
かかってくる
セールス電話
高齢者目当ての
電話がとにかく多い
いったい何から
手をつければ
いいのか
先がみえ
ない・・・
次々届く通販の
定期便で買った商品
○× 通販
○○○
健康食品
止め方がわか
らないんだよ
毎月届い
ちゃうんだよ
目の前の
出来る事から
ひとつ
ひとつ
片付ける
闘いが始まった
やるぞーっ
おー！
カチ
カチ
ゴミの手配

母の日常

―その壱―

地域包括支援センター
デイサービス
ケアマネージャー
見守り隊
ヘルパー
ショートステイ
高齢者支援

タスキを外そう

「心」にタスキを
掛けると
「必」になる
母は今まで必死に
生きてきたから
これからは
タスキを外して
心穏やかに
過ごして
ほしい
うぎゃ〜

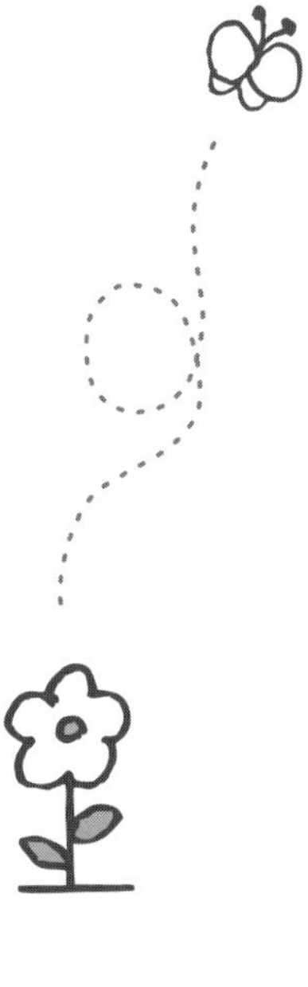

ささやかな解消法

片付けやいろいろな手配、
食事、付き添い等を妹と
手分けすることにした
病院への付き添いは
妹が担当することが
多かった
園芸が趣味の妹は
口調が穏やかで
おとなしいタイプ
そんな妹でも
半日母と二人っきりだと
ストレスが溜まるらしく
ガタン
ゴトン
付き添いの度に小さい
鉢植えを買ってくる
ふぅ~
ただいま~
植物に話しかけて
気持ちを落ち着ける
妹のささやかな
ストレス解消法
今では家中
鉢植えだらけ
お花畑~
ひゃっほ~

トラップに要注意

部屋の隅々に
そびえ立つ箱の山
至る所にある
服の山
洗濯してまだ畳んでない服
そろそろ洗濯する服
まだ着れる服
何が入ってるかわからない
段ボールの通路
棚の上は
まるでテトリス
わわ〜
押し入れは
宝物探し
いろいろ隠してあるよ〜
家の中は
トラップワンダーランド

リス化

母は毎日同じ心配をしている
あたふた
あたふた
通帳とハンコを盗まれるんじゃないかとあちこちに隠し
どこに隠したか忘れてしまう
まるでリス・・・

秋のリス

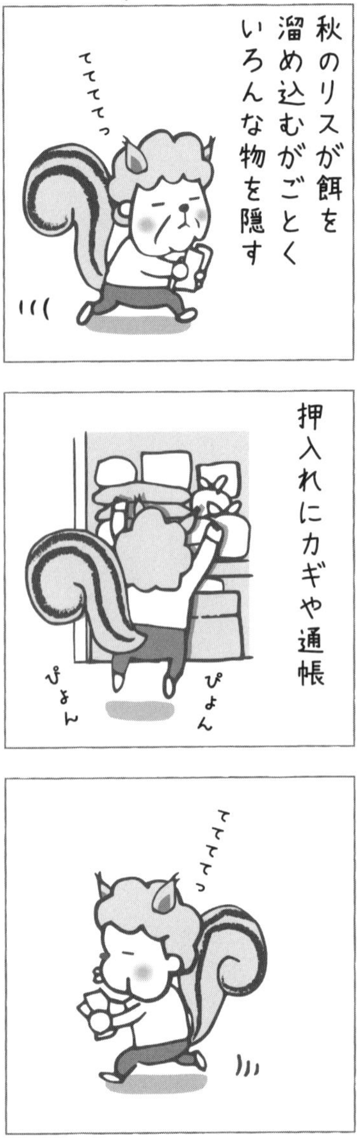

秋のリスが餌を溜め込むがごとくいろんな物を隠す
ててててっ
押入れにカギや通帳
ぴょん
ぴょん
ててててっ

食器棚に
宝石
タンスには
あちこちに
千円札
毎日
忙しそう
カラカラ
カラ
カラ
カラカラ
カラ
カラ
そしてもちろん
忘れてしまう

書き置き

朝、書き置きを残して母がいなくなった
出かけてきます
ケアマネさんやデイサービスに
急いで電話
歩行器を持って近所を捜索
いないー
こっちにもいないー
どこ行ったー？
無事でいてー
ー数十分後ー
ただいまー
母帰宅
行き先を聞くと近所の工務店だった
朝早くて誰もいなかったらしい
その後奇跡的にデイサービスのお迎えに間に合い
いってきま〜す！
デイサービス
何事もなかったかのように出掛けて行った
とにかくホッとしたー

年寄りのレシピ
母の通い始めたデイサービスは
ほかにはどんな料理を作ってるの?
お昼をみんなで作って食べる所
なんだか煮物ばっかりで年寄りの食事みたいだよ
デイサービスで作った大根煮家でも作ってみたよ
自分の歳忘れてるよね(笑)
ある意味幸せじゃない?

週に3回の
おまわりさんは
キツい・・・

イリュージョン

天気が良いので近所の公園にお散歩
トイレ!
妹に付き添われ多機能トイレへ
なかなか出てこないと思っていたら・・・
ジャーンッ
トイレから衣装替えして登場!!!
ゴワゴワしてると思ったらズボンの下に
またズボン履いてたよー(笑)
イメチェンしすぎー

入浴

紙パンツを履いたまま
シャワーを浴びて
水を含んだ紙パンツがパンパン！
まるでアヒルだね
あらぁ〜
おしりが重いねぇ

腹が立つ日もある

スープ多めに作ったから朝あたためて食べてねー
野菜たっぷり具沢山スープ
数十分後
あれっ？
空っぽの鍋
古いから捨てたよ
ム〜ッ
古くな〜い
何怒ってんだい？

ニオイの元

ガラ
ガラ
ピシャッ
母は食器棚に
正露●を仕舞う
なので
食器は全て
正露●臭《くさ》い(泣)

粗大ゴミ

昭和の
レコードプレイヤー
カセットデッキ
ビデオデッキ
粗大ゴミの
シールを貼って
捨てるも・・・
火事場の
馬鹿力?
いつの間にか
ベッドの下に
隠してある

デザート

よく食べるねー
パクパク
もぐもぐ
ごちそうさま
ケフッ
デザートは？
ハイ！いつものデザート
ぶーっ
薬↓

Good Job!!

おかーさん一人で行っちゃダメだからねー!!
銀行に行かなきゃダメなのー
クツがはけないーー!!
ガッチリガード

はい！　はい！

お母さん お薬飲んだ？
はい！ はい！
お母さん 明日の用意 出来た？
はい！ はい！
はいはいって 調子いい 返事の時は
はい！ はい！
結局何も 聞いてない 時だよね！笑

マイナンバー？

お母さん マイナンバー カード持ってる？
・・・・
ナン マイダー カード？
な〜む〜
よっ 座布団 一枚！

実は「強者《つわもの》」

母が育てていた植木のメンテナンス
植え替えようとひっくり返すと
せーのっ
大量の虫たちがこんにちは～
ギャーッ
妹がナメクジ・ダンゴ虫用殺虫剤を買って来て顔色変えず害虫退治
尊敬～
ナンマイダ～
軟弱者の二人は遠くで見守るだけでした

炊き立て?

ー夕食ー
母はご飯だけは欠かさない
ごちそうさまでした
食べ終わるとすぐにお米を研ぐ
なくなると困るもんねー
ジャック
ジャック
ジャック
ー朝食ー
すでに炊き上がってから12時間経過・・・
炊き立てが食べたい今日この頃・・・
12h

そっち?

バラ
バラ
バラ
ドローン?
だね!
ドロンします
こっちも正解!

雨が降らなきゃ
虹も出ない

ある日の出来事

ある日
母が料理をしていると
慌てて
火をとめて
どんどん部屋が白くなっていった
ゴホ
ゴホ
ゴホ
緊急事態発生
ガラ
ガラ
窓開けてー
パタ
パタ
何か燃えてるー
火を止めてー
鍋の裏に
鍋敷がくっついてた

反省の結果

ごめんなさい
焦がしちゃった・・・
いいよ いいよ
大丈夫だよ〜
しょぼ〜ん
母が一人の時じゃなくて良かった
いくらオシャレでも鍋敷はくっつきにくく鍋より大きくないと危険だとわかった
ー翌週ー
新しい鍋敷きを買い直す
くっつきにくいコルク素材
鍋より大きい
落ち込んでいた母はというと・・・
あのね お母さんね
料理するのやめたー
ごろ〜ん
引退宣言

コーヒー

コーヒー淹れたよー
いらない
いらない
なんでお母さんのコーヒー飲んでくれないの？
それはね
山盛り大さじ3杯のお砂糖が入ってるから
おいしいのに～
もったいないねぇ
体調が悪くなるよ・・・

雨降り

雨が降ると雨漏りの妄想が始まる
ザーザー
しとしと
どこも水漏れしてないよ
水が漏れてんだよ
大変なんだから工務店に行かないと
直さないと
行っちゃダメ
意志ある行動はなかなか止められないね
あ～れ～
STOP!!
行くの～

賞味期限は永遠

30年以上
溜め込んでいた
大量の海苔と
お茶の缶
処分していると・・・
あぁぁぁ捨てちゃ
ダメ〜
45L
母、大号泣!
わぁ捨てないでぇー
仕方ないので
捨てるのを一旦やめる
母の名言
海苔とお茶は腐らない
グスンッ
45L

猪突猛進

カートを使って
歩き出すと
どんどん加速して
障害物に突進
ズボッ
たまに電柱と壁の間に
挟まる・・・
ムギュ〜
文

工作のり？

♪
カレー作ったよ
食べられなくはないけど
なんというか・・・
市販のルー使ってるのに
工作のり食べてるみたい
それそれ
子供の時なめた工作のりを思い出したよ
何を入れてるのか
わからないけど
おいしいねー！
本人が喜んで食べているならいっか!?(笑)

メモ魔

母は何でもかんでも
必ずメモを取る
忘れないように
ちゃんと
書いとかないとね
カキ
カキ
書く事で
安心して
あっという間に
忘れる
そしてまた書く
母なりに認知症と
闘っているんだよね
ガンバレ

エイッ
エイッ

物忘れ

あれはどうしたっけかねぇー？
あれのあれってなんだっけ？
これはどうしたっけかねぇー？
忘れないようにメモした事を忘れ・・・
充電の仕方
スマホの使い方
忘れた事を思い出そうとするうちに何を忘れたか忘れちゃう（笑）
そもそも
最初から覚えようとしていない

ケアマネさん訪問

月に一度のケアマネさんの訪問日
こんにちは調子はいかがですか？
とてもいいです
あっという間
すぴ〜っ
ケアマネさんが話し始めると
zzz
こくりこくり
あっ
あらっ
疲れてくると目で圧を掛けて
じーっ
えっ あれっ
どっどうしたのかしら？
天気が良い日は
ポカポカ
はぁぁ 気持ちいい
ボケちゃってわからないのー
ボケを理由に切り上げる
あきちゃったのねーw

転ばぬ先の杖ならぬ

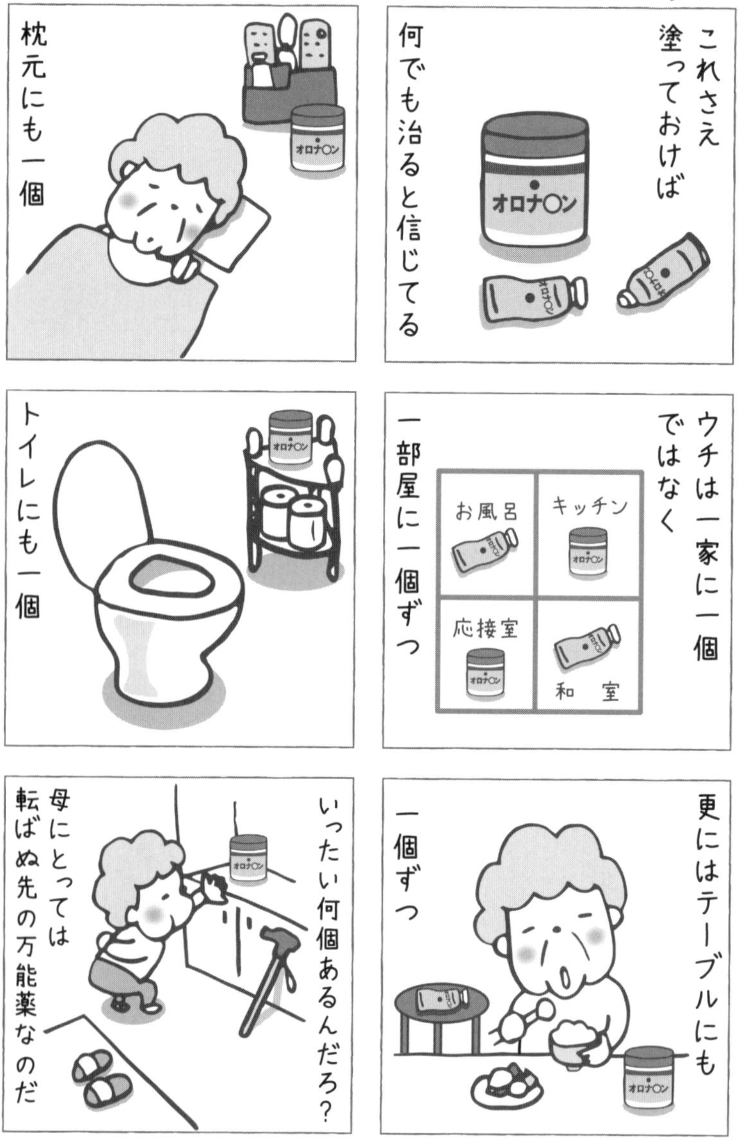

これさえ塗っておけば
何でも治ると信じてる
オロナ○ン
ウチは一家に一個ではなく
一部屋に一個ずつ
キッチン
お風呂
和室
応接室
更にはテーブルにも
一個ずつ
オロナ○ン
枕元にも一個
オロナ○ン
トイレにも一個
オロナ○ン
いったい何個あるんだろ？
母にとっては
転ばぬ先の万能薬なのだ
オロナ○ン

不安よー
止まれ!!
ピーッ
ピッピッピッ

○○ってなぁに? その①

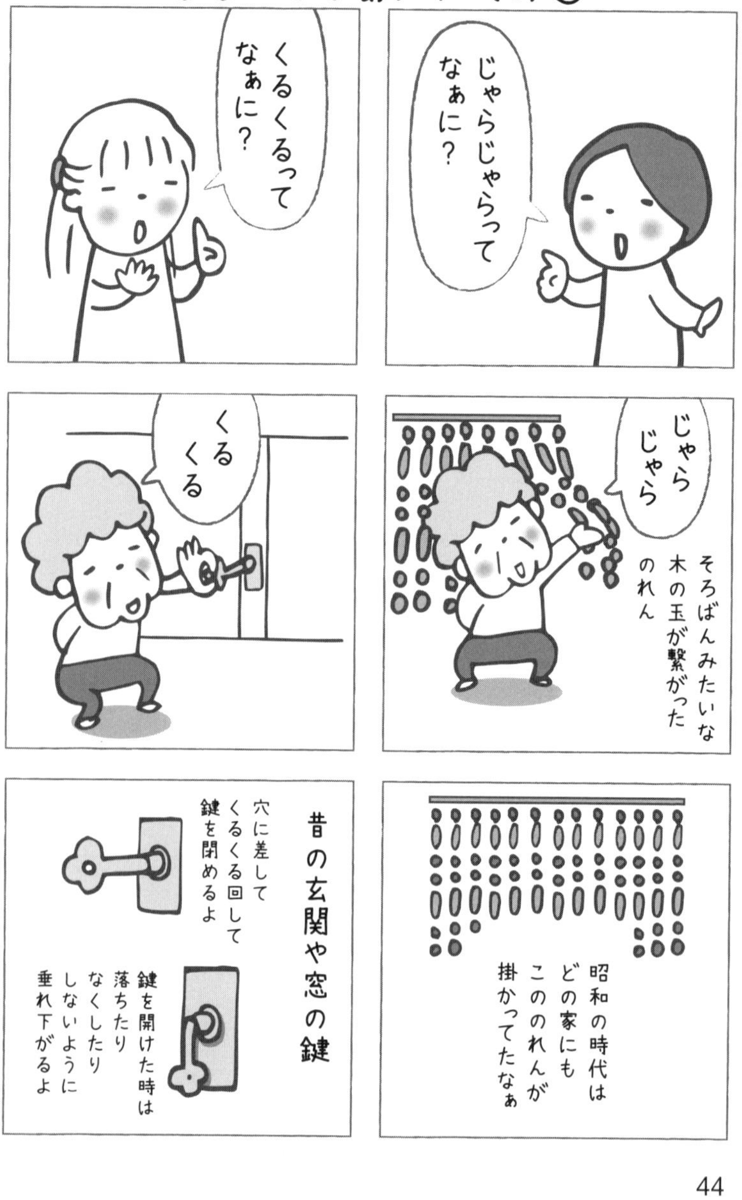

じゃらじゃらってなぁに?
じゃらじゃら
そろばんみたいな木の玉が繋がったのれん
昭和の時代はどの家にもこののれんが掛かってたなぁ
くるくるってなぁに?
くるくる
昔の玄関や窓の鍵
穴に差してくるくる回して鍵を閉めるよ
鍵を開けた時は落ちたりなくしたりしないように垂れ下がるよ

〇〇ってなぁに？ その②

パチパチってなぁに？
ホクホクってなぁに？
パチッ
パチッ
パチッ
パチッ
甘くて美味しい
お芋だよー
ホク
ホク
口の中に入れると物凄い勢いで弾けるキャンディー
パチパチキャンディ
パチパチキャンディ
ドン
ドン
ゲホ
ゲホ
ドン
最近やけに擬音語が増えた気がする

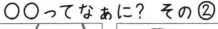

いただきます

おばあちゃん最近は「いただきマンボリアン」って言うんだよ
いただきマンモスは古いのかい?
うん もう古いよ
一緒に言うよ せーのっ
いただき
いただき
マンボリアン
マンボー
どうしても言えませんw

洗濯後の悲劇

母のお気に入りの枕を洗濯したら
ぺしゃんこになってしまった・・・
潰れた枕を見て
あら~
ペタ~
どざえもんさん!!
パンツ
パンツ
と、呼びかけながら心肺蘇生に精を出す

リモコン

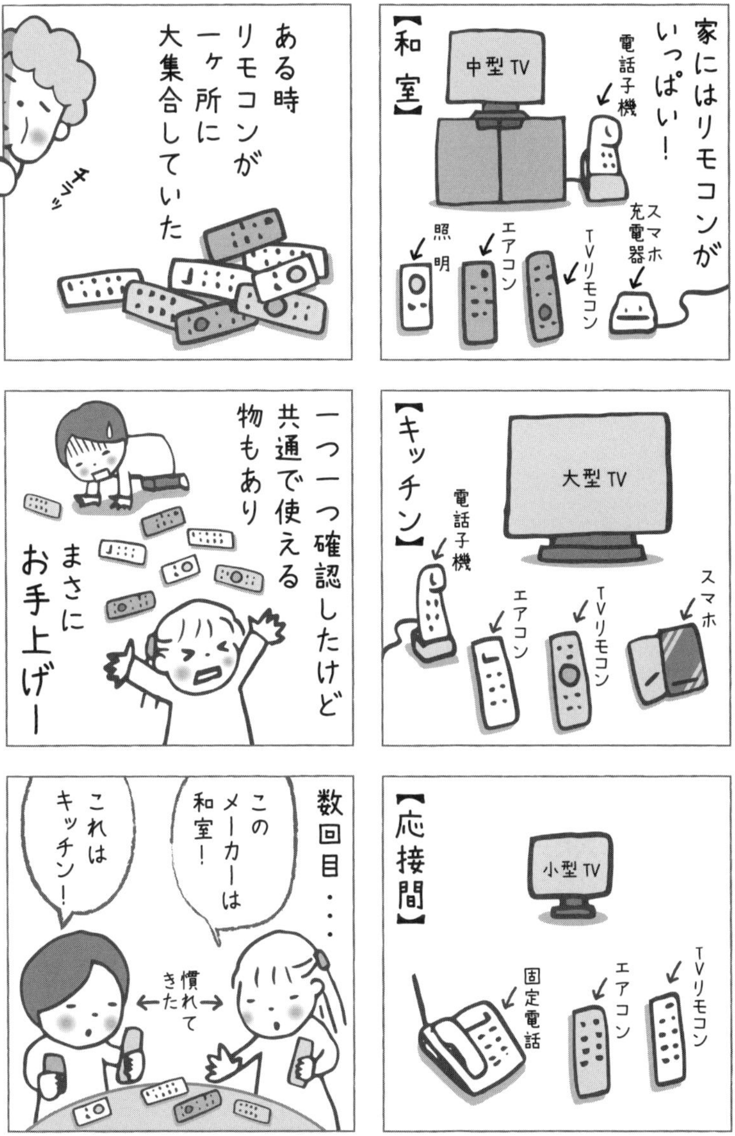
【和室】
家にはリモコンがいっぱい！
中型 TV
電話子機
スマホ充電器
TVリモコン
エアコン
照明
【キッチン】
大型 TV
電話子機
スマホ
TVリモコン
エアコン
【応接間】
小型 TV
TVリモコン
エアコン
固定電話
ある時リモコンが一ヶ所に大集合していた
キラッ
一つ一つ確認したけど共通で使える物もあり
まさにお手上げー
数回目・・・
このメーカーは和室！
これはキッチン！
慣れてきた

認知症の人に
やってはいけないこと

・叱る
・強制する
・命令する
・行動を制限する
・子供扱いする
・役割を取り上げる
・何もさせない

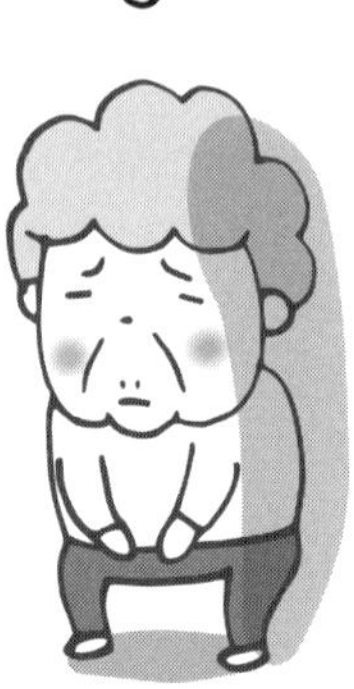

キーキー
ダキーッ
現実ではなかなか難しいけど
……
あわあわ
オロオロ
あら～真っ黒～
どう過ごせばいいのか探していこうね

母の日常

―その弐―

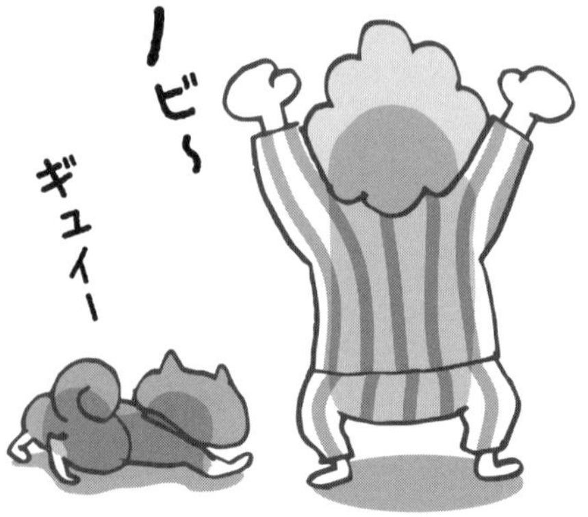

朝は気持ちいいねぇ
ビ〜
ギュイー

チャームポイント

母は
よく食べる
そして
よくこぼす
ご飯粒はね
いつもどこかについてる
ふふっ
チャームポイントだと思えば笑顔になれる
たまにカサカサ

茨城弁①

ひゃっこくてやっこいのが食べたい
【茨城弁】ひゃっこい＝冷たい
やっこい＝やわらかい
ハイッ お豆腐
違ーう
ぶーぶー
アイスが食べたいのー

屈辱

お魚を煮たよ〜
くん
くん

ナメる

アイスのフタはナメる
ペロ
ペロ
アイス
アイス
切手もナメる
ペロッ
そして、スーパーの袋を開ける時にナメる
ペロッ
指ナメないでー
マスク外しちゃダメー

危機にも動じず

アシナガバチが巣を作って困っていたら
巣から距離を取るため掃除機の筒を使い
シューーッ
頼れる妹登場
フ●キラー
防護服代わりの割烹着
噴射したら速攻退散
ダダ
ポイッ
ダダ
ダダダダ
蜂用の殺虫剤じゃなくていいの?
妹が持ってきたのはフ●キラー
これでじゅうぶん
スポッ
フ●キラー
ハチ瞬殺
ニヤリッ

(注)スズメバチには不可

探し物

キョロ
キョロ
んっ?
ナイ
ナイ
ドコ?
ドコ?
なんだ?
どした?
冷蔵庫に入れ歯!!
初めてのパターン(汗)
キャー

耳から!?

?
ピタッ
?
今の人耳からうどんが出てたよ
ワイヤレスイヤホンね(笑)

友人との会話

ウチの母買い物に行くと必ず田楽を買ってくるの
田楽
(味噌こんにゃく)
ウチなんてかりんとうと入歯洗浄剤だらけだよー
入歯
入歯洗浄剤
入歯洗浄剤
かりんとう
でもこうして愚痴れるって親が元気ってことだよねー
笑顔でカンパーイ♡

たい平師匠

TVにたい平師匠が出ていると
ほらたい平さんが出てるよー
ほら見て
と必ず教えてくれる
また馬鹿なこと言ってるよ
面白いねー変わらないねー
そして、TVに向かって楽しそうに話しかけてる

自転車

自転車は
ケンケンしながら乗る
ケンッ
ケンッ
コロ
コロ
びっくりした時は
ブレーキかけずに
飛び降りる

昭和あるある

家のあちこちに
カレンダーがある
カレンダー
うちだけ!?
部屋のドアにのれんが
掛かっている
母はいつも切れ目に
手をいれて入ってくる
お風呂は
ツマミを
1/3回して
カチカチして
火をつける
ガス式給湯器
カチ
カチ
カチ
カチ
なつかしいね
手なれてる

母の三種の神器

米びつ
お米をスッキリ収納
ワンプッシュでお米を
正確に計ってくれる魔法の箱
お米がないのは
許されない

冷蔵庫
食べ物がずっと
腐らない魔法の箱
賞味期限切れの
食品でいっぱい

炊飯器
温かいご飯が
いつでも食べられる
魔法の箱
ご飯がなくなると
すぐ炊くので
いつでも
黄色くなった
ご飯が入ってる

全幅の信頼を
寄せている

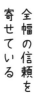

知られざる才能

お母さんのケータイスマホだよ!!

えーっガラケーじゃないの!?

母のケータイがスマホだった事にびっくり!!
そして意外に使いこなしてるのにもびっくり!!!
ピッポッ
パッポッ
でもあちこちに電話して困るので
あっもしもし?
リダイヤルできないように履歴を消去するも、
一週間後にはいっぱいに・・・
登録済の連絡先も私たち以外全部消したのに不思議~
えーっすごい数かけてる
もしもし~雨漏りの修理を~
機械音痴の母なのに令和の時代で才能開花?

鈴が好き

母は昔からキーホルダーや鈴が好き！
チリンチリン
落としたらわかるから鈴は付けないとねー
チリンチリン
ケータイにも鈴を付けておくれよ
残念だけどスマホには付けられないのよ
え〜っ
ー翌週ー
ナイスアイデア
セロテープ

母'sストレージ

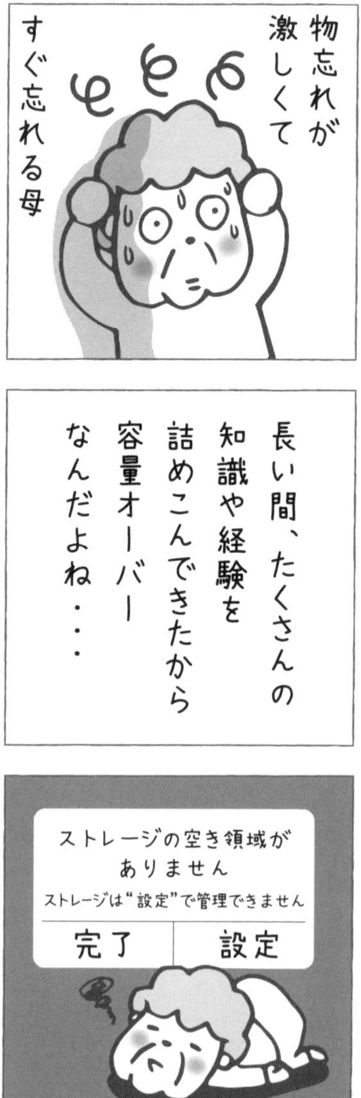
物忘れが激しくて
すぐ忘れる母
長い間、たくさんの知識や経験を詰めこんできたから容量オーバーなんだよね・・・
ストレージの空き領域がありません
ストレージは"設定"で管理できません
完了
設定

カギがない

チリンッ
チリンッ
大変だよ カギが ないんだよぉ
チリンッ
チリンッ
あらぁ~
ほんとだ~
チリンッ
バックに付いてるよ
鈴、最強!

10年後になくなる物?

顔認証や
指紋認証の普及で
カギがなくなる
らしいよ
公衆電話も
見かけなく
なったよねー
カセットも
ビデオも
使わなく
なったよね
↑
粗大ゴミ
10年後
あと何がなく
なるかねぇー?
私は
100歳まで
生きるよー!!
長生き
してネ!
母85歳
まだまだ元気です

85歳の胃袋

近所のお寿司屋さんのお弁当がスゴイんです!!
たらく寿司
お弁当
お弁当
鮭やマグロブリの煮付けに焼き魚等2〜3人前位は入っているお弁当が
なんと!
700円
煮魚や焼き魚が数種類
唐揚げやメンチなど肉系のおかずも入ってる
漬物や副菜も美味しい
ジャーン
残った魚は夕飯のおかずでも十分な量
もうおなかいっぱーい
2人前でもいけそう
たまに母の夕飯用に買って置いておくと
夕飯で食べてね
キレイに食べ切ってて
ビックリ!!!
お母さん全部食べたのー?
私の作った料理は食べないのにー
ぶー
おいしかったよ
母の胃袋に完敗!!

運動キライ!

運動しない事は憂うつになる薬を服用しているのと同じらしいよ
今までいっさい運動してこなかった
運動ってなに?
疲れるのは嫌っ!!
運動したくない!
運動しろと言われる方が憂うつになるもーん
したたたたたっ
あっ逃げた!

調子が良い日

あれっ?オシャレしてどこ行くの?
今日は調子良いから病院行ってくるよ
ふふふっ
行ってきま〜す

思い描いていた未来①

ガラ
ガラ
ぶ～ん
いつになったら
車は空を飛ぶ
のかねぇ？

思い描いていた未来②

ピッ
サッ
サッ
ボタンを押すと
ロボットが
掃除してくれると
思ってた
想像して
たのと
違う・・・
ヴィ～ン
ごきげん
いかが？
カササッ

想像を越えた現代

思い描いていた未来③

ズボンあるある

母の推理

スイッチON/OFF

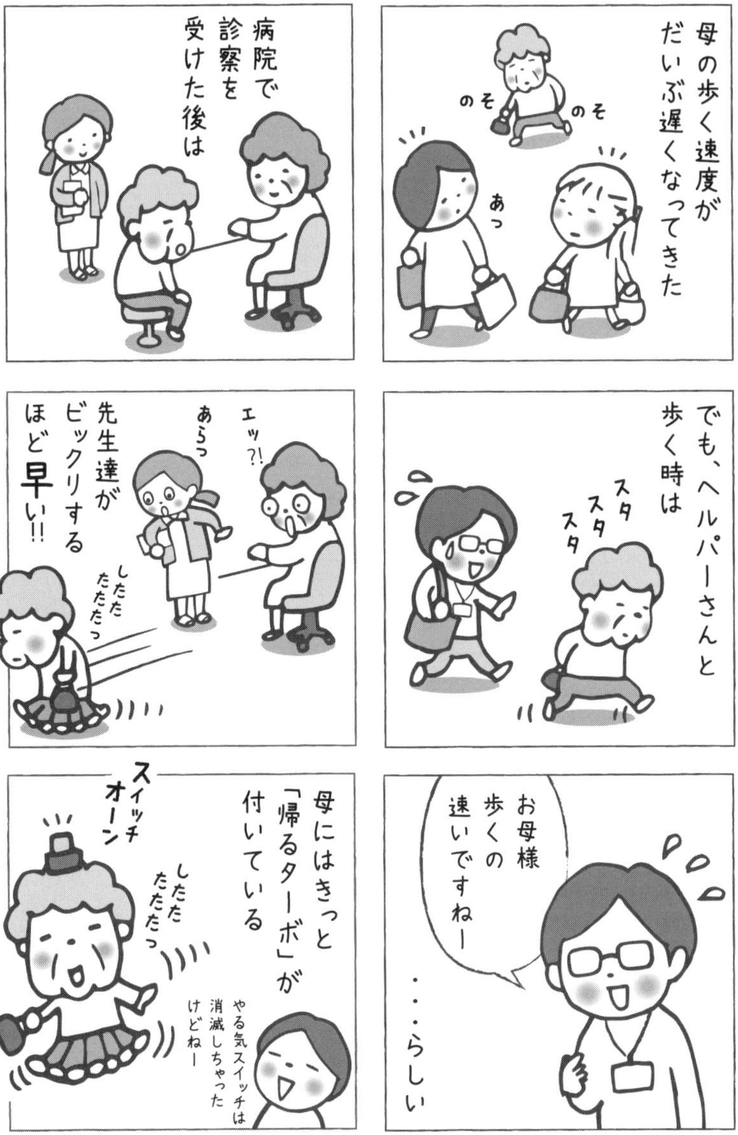
母の歩く速度がだいぶ遅くなってきた
のそ
のそ
あっ
でも、ヘルパーさんと歩く時は
スタ
スタ
スタ
お母様歩くの速いですねー
・・・らしい
病院で診察を受けた後は
エッ?!
あらっ
先生達がビックリするほど早い!!
したたたたたたっ
母にはきっと「帰るターボ」が付いている
スイッチオーン
したたたたたたっ
やる気スイッチは消滅しちゃったけどねー

散歩

ゴトンッ
ガタンッ
ゴトンッ
ガタンッ
コラッ ついてきちゃ ダメ！
ゴトンッ
ガタンッ
ゴトンッ
ガタンッ
くるっ
待って～
←ツンデレ

路面電車の音は
落ち着くねぇ

昭和の食べ方?

デザートの用意ができたよー
はいどーぞ
半分にカットされたグレープフルーツ
砂糖てんこ盛り
この食べ方いつ以来だろう
懐かしい~
昭和だね~
砂糖の量が…
ギザギザスプーン

昭和で脳内活性?

これなーんだ?
カクン
答え:ドリンキングバード
昭和50年代はポットやお鍋も花柄だったのよー
ホーロー製
電話にはフリルのお洋服を着せてたよ
昭和の話をする時は生き生きしてる母(笑)

長い！

ガタンッ
スック
急にどーしたの？
おそばが長かったのね（笑）
ズズー
ズズー

ぴりぴり

メロンだよー！
わ〜い♪
食べるとき油断しちゃだめだよ〜
口がシビれて大変なんだよ〜
完熟しすぎるとなるよね〜
うま〜
痛い目に合った記憶は鮮明（笑）

アテンド効果

イスをひっくり返してテーブルに置く
よっこらしょ
お掃除ロボット出動!
ぴっ
ごきげんよう
しゃべるよw
後をついて回って
今日はこっちからかい?
てっ てっ てっ
ウィ〜ン
お次はこっちね
てっ てっ てっ
ウィ〜ン
お掃除ロボットのアテンドをしている
あらあらしょうがないねぇ
イテテッ
旧型は段差に弱い
まってぇ〜
ひょこ ひょこ
母にとってよい運動なのだ

水撒き

じゃー
キャッ
キャッ
?
ひゃあー
しばドリル
ブルン
ブルン

タマちゃん

ービデオ観賞ー
かわいい
動物の赤ちゃん
タマちゃん
タマちゃん
タマちゃん
タマちゃん
タマちゃん
母にとって
アザラシ
オットセイ
アシカは
全部タマちゃん

洗面所で超えた物

洗面所
全部出してみたら
入れ歯洗浄剤が
棚の中や洗面台の下にはギュウギュウに詰まっていた
洗濯機の高さを超えた！
しかも2列
ポリデ●トタワー

証　拠

ーおやつの時間ー
大好物の黒豆大福
お茶いれるから待っててね～
じー
ー数分後ー
あっ!!
くるっ
注目
たっ食べてないよ
そろ～り
お茶もどうぞ～
したたたたたっ
やましいことがあるとすぐ逃げる(笑)

ぴったし?

タッタッタッ
タッタッタッ
あそぼ～
シュポッ
クゥ～
よく見かける
意味不明の図・・・

豚まん

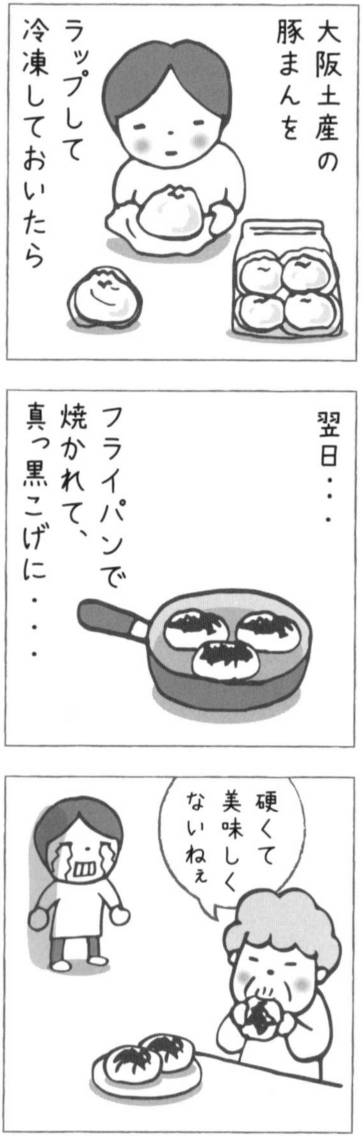
大阪土産の豚まんを
ラップして
冷凍しておいたら
翌日・・・
フライパンで
焼かれて、
真っ黒こげに・・・・
硬くて美味しくないねぇ

デジタルカメラ

母の中では
フィルムはどこに入ってるんだい？
カメラと言えばフィルムだね

こんな所まで
お迎えが・・・

まだ用はないよ
100まで生きるよー
霊園
樹木葬
お墓相談
墓苑

ワンコと母の1日

ご飯食べて
もぐもぐ
ワッシワッシ
寝て
すぴー
くぅー
また食べて1日が終わる
一緒だねー
ワッシワッシ

何食べた？

ごちそうさま
おいしかったねぇ
ー完食ー
とん汁おいしかったねぇー
フキフキ
とん汁食べたっけ？
今食べたばっかだよー
いつもの食後のやりとり

何食べた？孫編

ちゃんと覚えてる!

執念の更新

免許更新のハガキが届いてるけど渡さないでいいよね？
そろそろ返納した方がいいよ
ダメ〜
免許は必要なの取りに行くー
もう80歳過ぎたし家に車ないから返納しよ
ヤダッ
プイッ
免許証の代わりにマイナンバーカードがあるよ
ダメッ
免許証じゃなきゃダメ
1ヶ月後
みてみて〜
取れたよー！
ジャーン
運転免許証
いつの間にか一人で手続きに行きしっかり免許を更新していた母ある意味スゴイ・・・

たまにはまとも?

朝起きて気候が良いとデイサービスのお迎えの前に出掛けてしまう母
どこ行ってたのー?!
心配したんだからー
ただいま~
そりゃそーだわ
工務店に修理頼みに行ったけど朝早くて誰もいなかったよ
AM:8:00
いつも銀行に行くと騒いでるのに銀行に行かないのは何故だろ?
フシギダ…
なんで銀行には行かないの?
と聞いてみた
すると
そんな朝早く銀行は開いてないわよ!
なに言っちゃってんのよー
まともな答えが返ってきた

充電完了？

おばあちゃん こんにちは
あー いらっしゃい 大きくなったねー
お決まりのセリフ
スマホが使えないんだよ 教えてちょうだい
どれ どれ？
充電切れだから まず充電しようね
あるある だよネ
気になると落ち着かないので
スマホのまわりを巡回中
ウロ
ウロ
ウロ
5分後
もう使えるかい？
はっ 早っ
おばあちゃん 30分は充電しないと使えないよ

孫のスマホ教室

孫が丁寧に教えて母がメモを取る
あーだこーだ
フムフム
カキカキ
ここをこうしてこうするの？
そうそう
ピッピッ
出来たー
ありがとう
ニコニコ
ぴょん
ぴょん
数分後
これどーするんだっけ？
スマホ片手に孫の所へやってきた
じゃあもう一度教えるね
エッ？
教えてー
えーまた？
その間隔が段々短くなって
どうやるんだっけ？
わぁーまた来たー
教えて攻撃で孫を半日追いかけ回す母
教えて～
わぁーん助けてー
半泣き状態

連想ゲーム

アッと驚く
タメゴロー
昭和のギャグ
いただき
マンモス
のりピー語
おかーさん
♪はなまるき~♪
昭和のCM

脳トレ①

木
き
正解
林
はやし
正解
森
進一です
ズコッ

漢字は面白い

たのしいという字に
楽
「くさかんむり」がつくと
艹
薬になるんだよ
薬
ハ～イ
きちんと飲もうネ!

脳トレ②

木
き
正解
林
はやし
正解
ジャングル
木木木木木木木木木木木
たしかに!!

お盆を過ぎると
虫の音《ね》が聴こえ始めるね

虫の音からの～

寝姿

【うつ伏せ型】
何かあればすぐ動ける
起き上がりやすい寝方
zzz
zzz
【胎児型】
お腹を守り体温を逃さない
最も一般的な寝方
ぐぅ〜
しぅ〜
【へそ天型】
とってもリラックスしてる寝方
無防備〜
ズー
スー
憎めないのよねぇ(笑)

壁ドン

シルバーカーで道路を歩いていると
だんだん端っこに引き寄せられて
あれっ?
あれっ?
まさかの「壁ドン」!
ドンッ
あら〜
イタタ
道の端は斜めになってるから要注意

茨城弁②

サッ
サッ
ゴロ
ゴロン
ギャロ
ツン
ツン
【ギャロ】子どもや小動物が悪さをした時に怒る言葉

煮っころがし

もぐ
もぐ
もぐ
もぐ
んっ!? おいしそうなにおいがする
←母手作りのお芋の煮っころがし
どーぞ
1個ちょーだい
パクッ
もぐ
もぐ
もぐ
もぐ
うーっ ふるえるほど 甘いー
お醤油の味もほぼしないよぉ
甘ければ幸せらしい・・・

毎朝のやりとり

お薬を飲ませて
デイサービスのお迎えが来るまでTVを見る
情報番組
パチッ
博多華丸・大吉さんが映ると
この二人はそっくりだねー
毎回同じ事を言う
芸能人にまったく興味がなく
最近ではTVへの反応も薄くなってしまった母が
二人には毎回反応して楽しそうに話をする
この二人は兄弟なのかね?
似てるよねー
区別がつかないよ
華丸・大吉さん
母に不安以外の感情をもたらしてくれてありがとう

やる気スイッチ

母のやる気スイッチが入って
何かを作り始めたが
ガチャ
ガチャ
途中でスイッチが切れたらしい
こわっ
事件現場や・・・

誰と？

朝家に行くと
おはよー
○○○○○×××××
中から母のしゃべり声が
○○○○○○××××××
？
誰か来てるのかな？
それ位の段差のぼれなくてどうする？
ほれガンバレ
イテテッ
お掃除ロボットに『喝』を入れていた・・・

ある日の光景

リスイッチ

認知症で
よく聞く話が
「持たせたお金や
物をなくす」
これは「なくす」
と言うより
「仕舞い込む」
又は「隠す」
だと思う
ウチでは
「リスイッチ」と
呼んでいる
何かの拍子に
ニョキ
そのスイッチがオンになる
これが発動すると
何かを隠さないことには
てて
てっ
通帳
気が済まないらしい
この行動は誰にも
止められないけど
リスだと思えば
腹も立たない

観察

食事をした後
ちょっと横になるね
30分後
ムクッ
てててっ
ガサガサ
ゴリゴリ
何やってるの？
千円札をティッシュで包んで隠そうとしてる
昼寝後のリス発生率高し

あら〜真っ黒〜
判断力低下
仕事や家事ができなくなる
カギがない
中核症状
記憶障害
?
話している言葉が理解できない
ザーザー
過食
雨もり
不安・幻覚

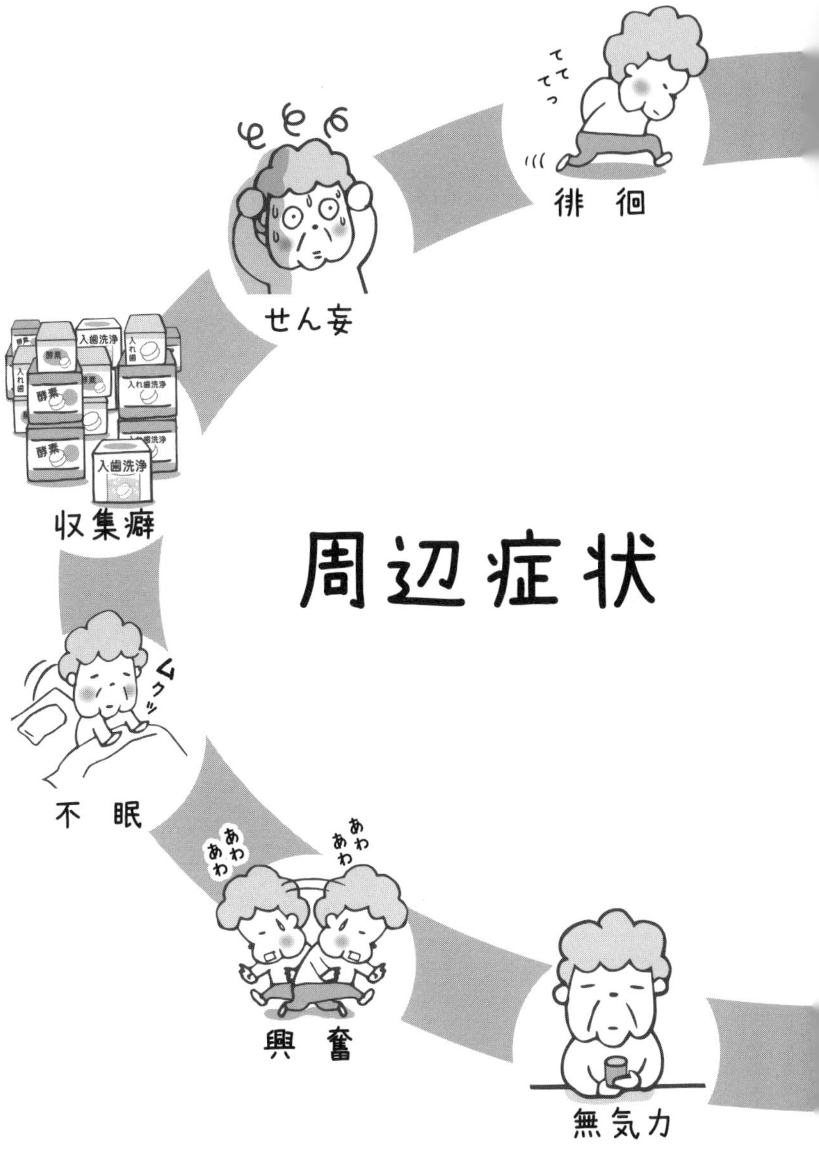
てててっ
徘徊
せん妄
入れ歯洗浄
酵素
収集癖
周辺症状
ムクッ
不眠
あわあわ
あわあわ
興奮
無気力

母の日常
―その参―

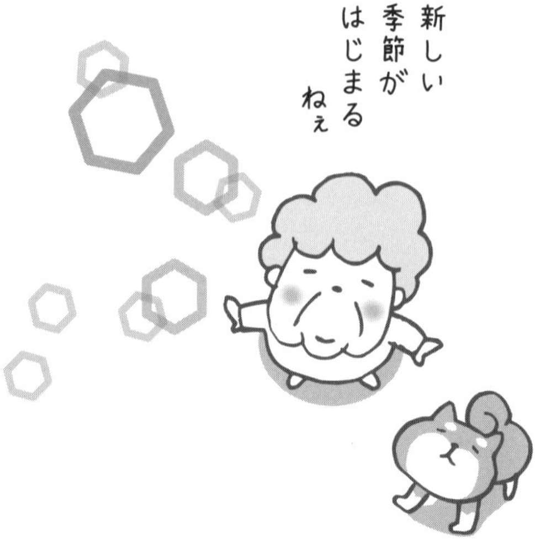
新しい季節がはじまるねぇ

母流収納

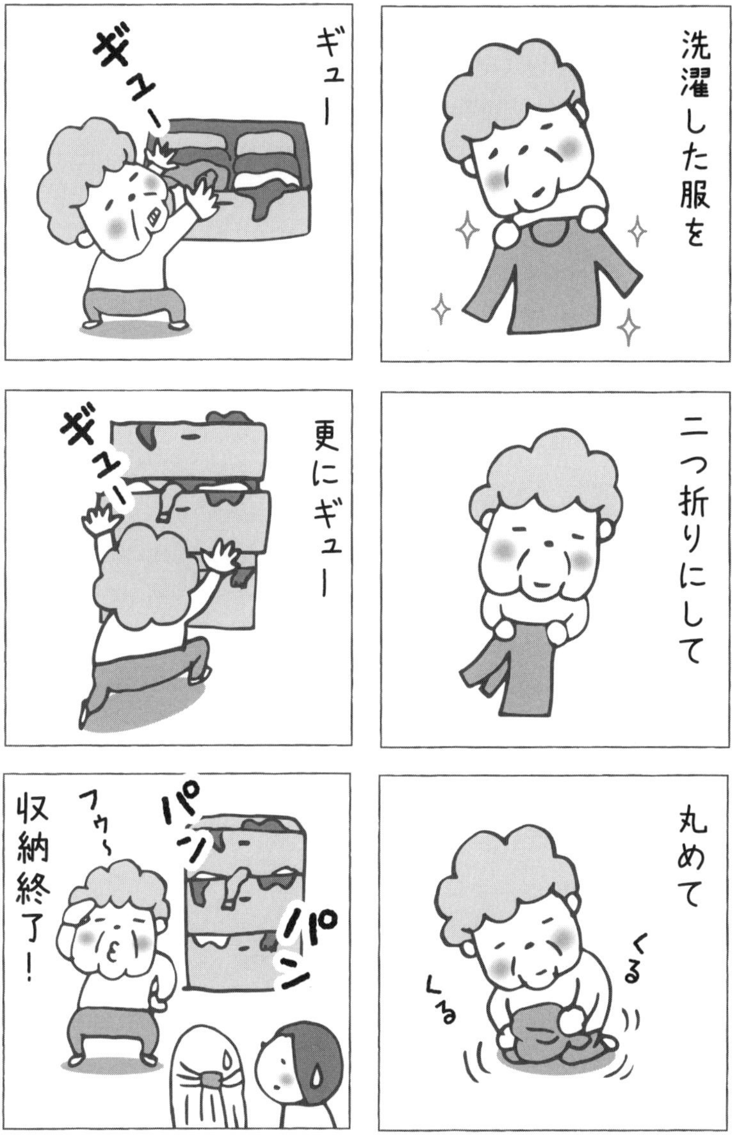
洗濯した服を
二つ折りにして
丸めて
くる
くる
ギュー
ギュー
更にギュー
ギュー
収納終了!
パン
フゥ~
パン

バエ

おやつの映え写真撮れたよー
可愛くてめちゃバエだよ
本当だバエ~
バエてるねぇー
どこにハエがいるんだい?
これでイチコロ
殺虫剤
シュー

酉の市

今年も酉の市行ってきたよ!
幸運を願って ハイ、熊手!
???
とりのいち
今夜はカラアゲかい?
ズコッ

叩けないTV

昔のTVは
叩いて直した
コンコン
最近のTVは
薄くて
叩くところがないね〜
キョロ
キョロ
でも壊れないから
叩く必要ないんだよ
この子
いいこ
いいこ

のれん

部屋ののれんが
邪魔すぎて
まとわりつくー
こっそり外すも
ここののれん
どこやったー？
ナイ
ナイ
ナイ
あった物がないと不安がるため
のれんを片付けるのは
断念した

届いてない

大変だよ 雨漏りしてるんだよ
音がするよ
ガー
ガー
ガー
ガー
どこも雨漏りしてないよ
えっ 何だって？
雨漏りしてないから大丈夫
何だって？
雨漏りしてなーい!!
もーうるさい!!
プン
プッ
ゼー
ゼー
ハァハァ
ん？
雨漏りがぁー
あっそ
↑かわすのがうまい
耳には届いてるんだけど頭には届いてないのよね・・・

届いてる

いつも食後のお昼寝
スーピー
ハーイ
今日も一時間お願いね
寄り添う孫
15分後
ムクッ
今寝たばかりだよ？
孫の言葉はすんなり頭に届く
パタンッ
スーピー
おやそうかい
あと45分かぁ

お届けものでーす

ドロドロを認識

床下から
ドロドロの梅酒が
大量に出てきた
捨てちゃダメー!
と、騒ぐも・・・
あまりのドロドロさに
現実
ドロ〜
わおっ
グジャー
認知症とは思えぬほど
素早い切り返し
くるっ
おだんご食べなくっちゃー

日付け

古くなったそうじ機を
新しく
買い替え
ました
数日後
マジックで
日付が
書かれてた
令和一年〇月
てっ てっ
てっ
マジック
家中の
家電に
日付が
書かれてる
平成25年〇月
昭和56年
家族に
なった日
だよぉー

昭和の家電

電子レンジ壊れてるよ
45年前のオーブンレンジ
↓
チーン
ここを押さえていればまだまだ使えるんだよー
ほんとだー
押さえつづけその後3年間使う
チーン
ある意味昭和の家電ってすごい

ふふふっ
『昭和』ってすごいんだからー
へぇ

母と家電①

このポットぜんぜんお湯が沸かないよぉ
たいへんポットがこわれた
ないと困るよー
新しいの買わないと
寿命だったのかねー？
コンセント抜けてただけだよ
あら〜

母と家電②

どのボタン押すんだっけ？
あれっ？
わからないのであちこち連打!!
ピッ
ピッ
ピッ
ピッ
ビーッ
ビーッ
ズボッ
あわあわ
警告音に慌ててコンセントを抜いて黙らせる

秋のしば犬

秋になると
葉っぱだらけ
だねぇ
つっ
つれない
ポイッ
ポイッ
しゅん
シュタ
タタタ
タッ
ムクッ
?
しょうが
ないねぇ
ゴロンッ
ツンデレ

いっぱいあると安心10位〜6位

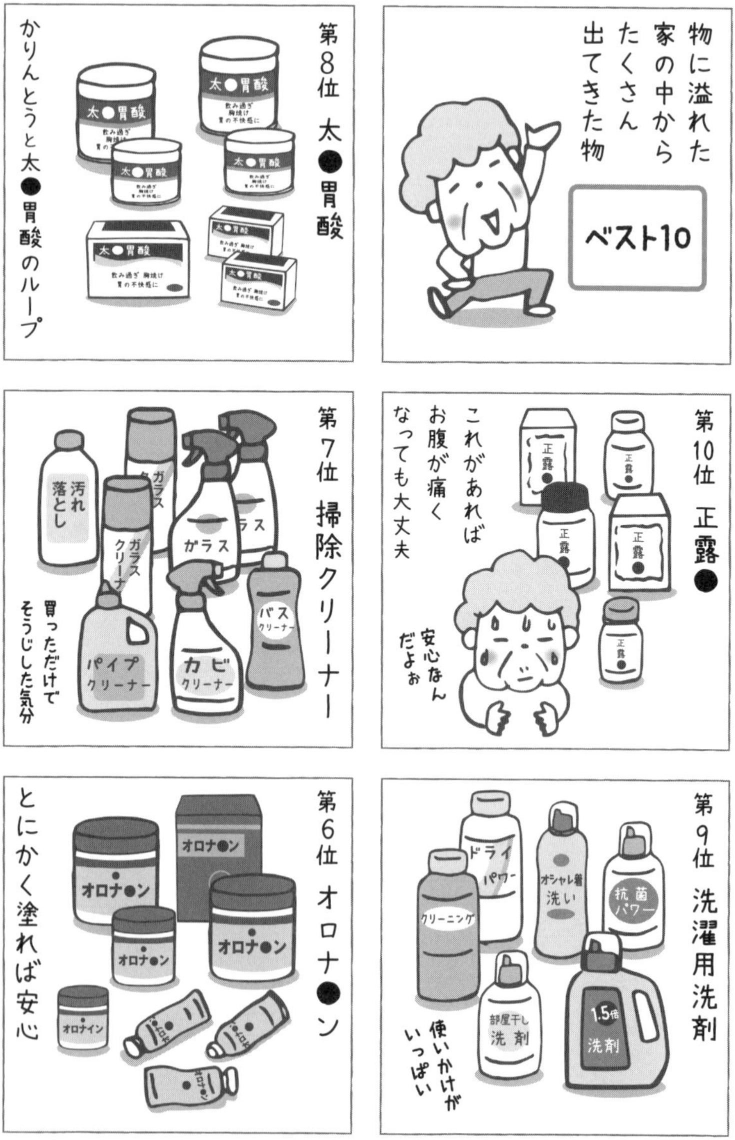

物に溢れた家の中からたくさん出てきた物
ベスト10
第10位 正露●
これがあればお腹が痛くなっても大丈夫
安心なんだよぉ
正露●
第9位 洗濯用洗剤
使いかけがいっぱい
ドライパワー
オシャレ着洗い
抗菌パワー
クリーニング
部屋干し洗剤
1.5倍 洗剤
第8位 太●胃酸
かりんとうと太●胃酸のループ
太●胃酸
飲み過ぎ 胸焼け 胃の不快感に
第7位 掃除クリーナー
買っただけでそうじした気分
汚れ落とし
ガラス
ガラスクリーナー
バスクリーナー
パイプクリーナー
カビクリーナー
第6位 オロナ●ン
とにかく塗れば安心
オロナ●ン
オロナイン

いっぱいあると安心5位~1位

第5位 トイレ洗剤
床下にぎっしり
第2位 ガムテープ
仕事で必要だったから
これはしょうがないかな（笑）
第4位 ばんそうこう
探さなくてすぐ使えるよう
あちこちに配置
第1位 ゴミ袋
各部屋に使いかけの
ゴミ袋がいっぱい
45ℓ
45ℓ
30ℓ
第3位 入れ歯洗浄剤
入歯洗浄
酵素
入れ歯
入れ歯洗浄
一生分はあるね
あると安心なんだよ
そしてまた同じ物
を買ってくる（笑）

マジック

草が化けると
「花」
ポンッ
やっぱり漢字っておもしろいねぇ〜

甘いものは神

食事の用意出来たよ
もぐ
もぐ
何？この味!?
んっ!?甘い？
おかわり〜
ついにご飯にもお砂糖がぁ
お米にお砂糖入れて炊かれていた

鍋の進化系

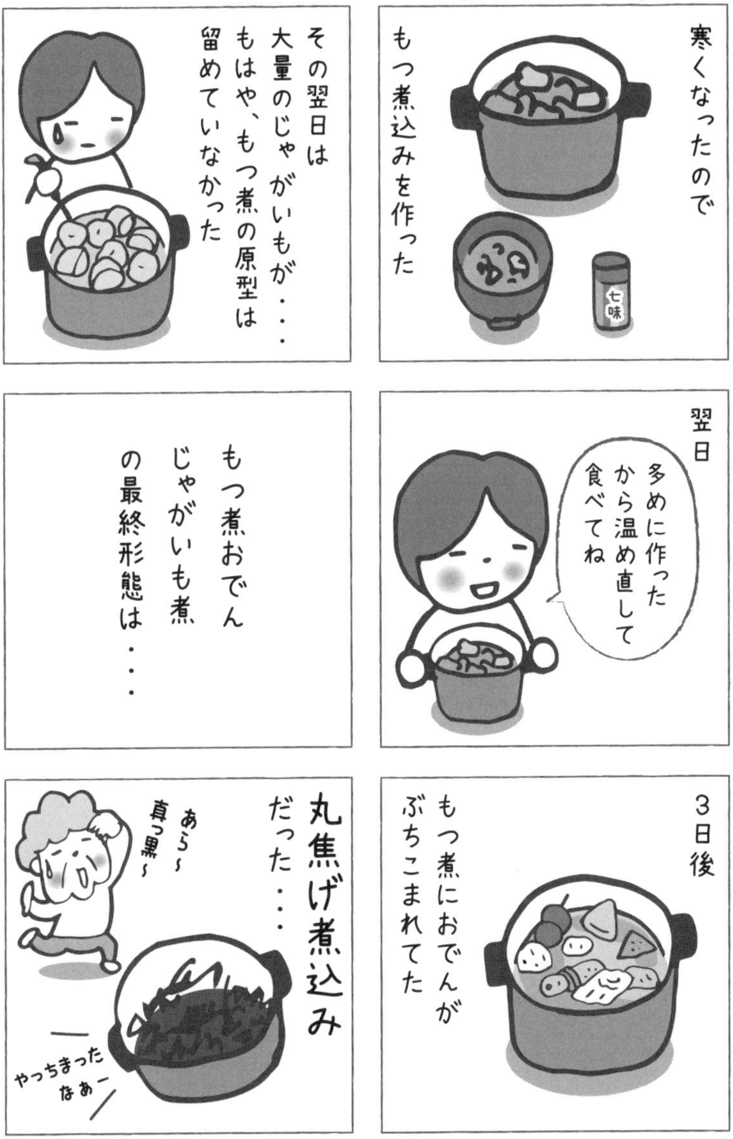
寒くなったので
もつ煮込みを作った
七味
翌日
多めに作ったから温め直して食べてね
3日後
もつ煮におでんがぶちこまれてた
その翌日は
大量のじゃがいもが・・・
もはや、もつ煮の原型は
留めていなかった
もつ煮おでん
じゃがいも煮
の最終形態は・・・
丸焦げ煮込み
だった・・・
あら～
真っ黒～
やっちまったなぁー

自慢のコーディネート

パジャマの上に
なぜかヒート●ック
お下がりの
ボーダーロングTシャツ
ジャーン
パリジェンヌ風
完成！
外行く時は
ズボン
はいてー(汗)

タケノコファッション

寒くなると
タケノコの様に
セーターonセーター
母は重ね着が好きなので
真冬はパンパン
パン
パン
おすもうさん
みたい・・・
どれくらいかと言うと
ざっと3人分
タケノコむけたよw

シルバーカー

スーパーに行って
○× スーパー
買い物をすませて帰る時
？
あれっ？シルバーカーは？
スーパーのカートに母のシルバーカーが突っ込まれていた(笑)
ちょこん

クリスマス
犬も杓子も
クリスマス

初笑い

年末、母にパンダの部屋着を購入
ーお正月ー
いらっしゃい
ひょっこり
たくさん笑った
似合ってる!
かわいい〜
?
妹家族

何回も

おばあちゃん
なんだい?
キャッ
楽しくてやめられない
おばあちゃん
キャッ
キャッ

昼寝後あるある

ムクッ
トテ
トテ
トテ
トイレ
パタンッ
WC
スッキリしたら
何かを思い出したらしく
バタンッ
玄関
わぁー
どこ行くのー
パンダ脱走!!!

細心の注意

おもちが大好きな母
む～
昔より小さくうすいおもち
噛みきれないと
丸呑みしようとする
あんぐ
それを全員で
んぐっ
ガシッ
阻止!!
もちキャッチ
サッ
姪
甥
万が一誤って飲み込んだ時には
バンバン
背中を叩いたり
後ろから抱えながら
グイッ
腹部を突き上げる
イメージトレーニング
どちらも骨折しそうなので水際対策が重要
じー
じー

あれっ？
あれっ？
ごめん
洗ったら
縮んじゃった
ぶーっ

求ム、新商品!

近頃はコロナの影響でトイレのフタは閉めて流すのが推奨されている
ジャーッ
でも、ちゃんと流れているか心配な母
チラッ
ジャーーッ
透明なフタのトイレが出来るかな
よく見えるねぇ
スケルトンタイプ

知らぬまに・・・

一万四千円かけて母がパーマをかけた
時間かかって疲れたよ
どお?
おかえり~
ー二週間後ー
デイサービスのヘアカットを自分で申し込んで
おじいさんになって帰ってきた
ただいまぁ

ヘアクリーム

パサパサ髪の母に
ヘアクリームを購入
椿
ペッ
ペペッ
ペッ
椿
テッペンにしか
つけないから
カッパの出来上がり
ペターン

片付け上手？

ゴミ袋の
魔法使い
母はなんでも
スーパーの袋に
しまいこむ
押入れは何が入ってるか
わからないビニール袋で
いっぱい！
これで安心！
茶
茶
探し物に膨大な
時間が・・・

あなたは何回目?

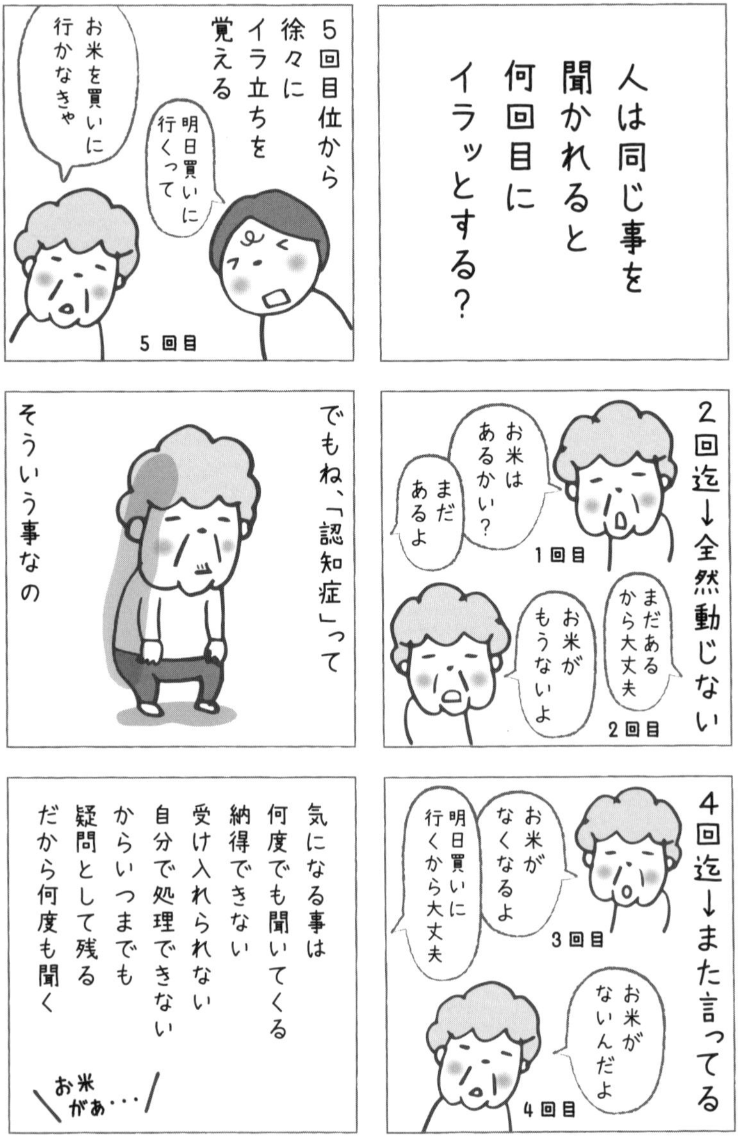

人は同じ事を聞かれると何回目にイラッとする?
2回迄↓全然動じない
お米はあるかい?
まだあるよ
1回目
お米がもうないよ
まだあるから大丈夫
2回目
4回迄↓また言ってる
お米がなくなるよ
明日買いに行くから大丈夫
3回目
お米がないんだよ
4回目
5回目位から徐々にイラ立ちを覚える
明日買いに行くって
お米を買いに行かなきゃ
5回目
でもね、「認知症」って
そういう事なの
気になる事は何度でも聞いてくる
納得できない
受け入れられない
自分で処理できない
からいつまでも
疑問として残る
だから何度も聞く
お米があ・・・

自分を変える

母は悪くない
だからこちらの心持ちを変える
話は平行線だけど
お米がないのよ
お米はあるから
イラつかない
母が治ることは無いから
すって～
はいて～
落ち着け～
自分の為にも深呼吸

だけど・・・

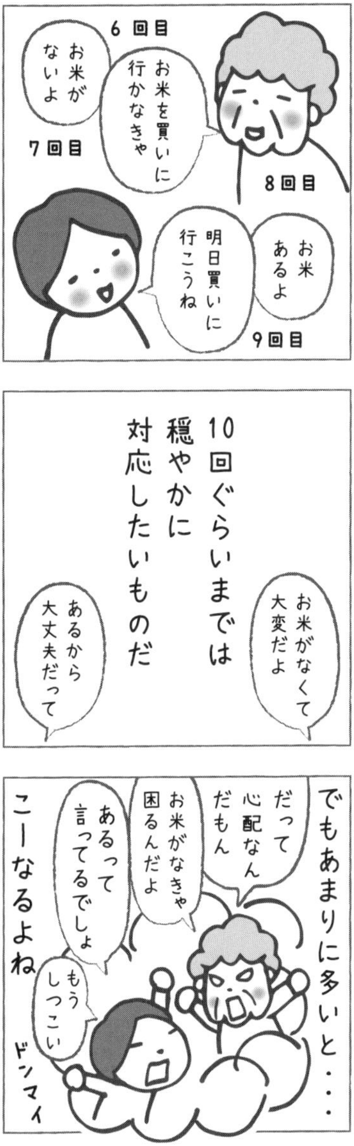
6回目
お米を買いに行かなきゃ
お米がないよ
7回目
8回目
お米あるよ
明日買いに行こうね
9回目
10回ぐらいまでは穏やかに対応したいものだ
お米がなくて大変だよ
あるから大丈夫だって
でもあまりに多いと・・・
だって心配なんだもん
お米がなきゃ困るんだよ
あるって言ってるでしょ
もうしつこい
こーなるよね
ドンマイ

11月の散歩

さ・く・ら・も・ち

結果オーライ?

さくら餅は買えなかったけど
ドンッ
大福やおだんごを
たくさん買ってきてくれた
食べ終わる頃には
美味しかったねぇ
さくら餅は何処へやら

また春になったら
さくら餅食べようね
わん♪

寄り添い

昼寝から
起きると
ムクッ
突然不安が押し寄せてくるのか
ウロウロして
あわあわ
オロオロ
落ち着かなくなり
銀行に行かなきゃ
と騒ぎ出す
以前は強めに否定して
行っちゃダメーー!
行く用事ないから
通帳もハンコもあるから
何度も言わせないで
ケンカになっていたけど
ダメーーッ
コラッー
まってー

トゲトゲしない
ようにするには
どうしたら
良いか考えて
① 散歩に行く
もう帰る
みてー
きれいな
お花が
咲いてるよ
↑運動が嫌いなので
すぐ帰りたがる
② 買い物に行く
おだんご
買おう
かねぇ
和菓子
だんご
だんご
和菓子
③どうしても
聞かない時は
銀行に連れて行く
ATM
お財布にお金
入ってるから
おろさなくていいよぉ
無駄とわかっていても
それで不安が
収まるなら
その時間を母のために
使うことに・・・
認知症に寄り添うって
そういうことかなと
銀行行か
なくても
良かったのに
ぶう
ぶう
疲れ
ちゃったよ
帰ったら
お茶しようね

杖の使い方

足が悪かったら
杖や車椅子を
使うけど
でも書くだけで
見返さないので
メモが山積みに
なっている
メモだけでなく
数十冊のノートも
認知症は
「杖」のつもりで
メモを書く
認知症は
「杖」の使い方が
わからない
鍵の番号
お米を買う
明日
買う物
郵便局に
行く
今日
買った物
信用金庫
に行く
いつ通帳記入
したかを記録
ブンッ
ブンッ
ピラ~

認知症の人に必要な杖は「人間杖」
先日お母様が自転車で出掛けようとしてたから止めたのよ
お向かいさん→
ありがとうございます
え〜っ!?
お店や交通機関町の中に温かく見守り適切な援助をしてくれる人が必要
「人間杖」＝認知症サポーターの皆さまに本当に感謝です
通帳を無くしちゃって
ご家族の方は一緒に来られますか?
銀行の方→
おかげさまで母は元気です♥
あ〜そ〜ぼ
ツンツン
イヤン

あとがき

母はいつも下ばかり向いて歩く
一緒に歩く時、足もとに気をつけるよう
私達も下を向いて歩く

認知症がわかった時
気持ちも暗く手探りで必死だった
同じ話を何度も繰り返す母とは
ケンカも絶えなかった

でもね、認知症ってそういうものなの
何度同じ話をしてもいいじゃない
その分返事をすればいいだけ

足もとを見て
進むのも
大切だけど

認知症の介護は大変で
人それぞれだけど
寄り添っていく事で
大切な時間が増える気がする
「介護に正解はない」

だから、出来る事を見つけて
ともに歩んでいく
大切な人とのその歩みが
ゆっくりと、そして
長く続く事を願う

お母さん
夕陽がキレイだよ
本当だねぇ
わぁ

時には立ち止まって
上を見られればいいね

横田 たかこ

武蔵野美術大学 視覚伝達デザイン学科卒。
デザイナーを経てイラストレーターとして独立。
書籍カバー＆イラスト、広告デザイン、
パッケージデザイン、絵本等多岐に渡り制作。

令和元年　母がボケました。

2023年8月10日　第1刷発行

著者　横田 たかこ

編集人　江川 淳子　諏訪部 伸一
発行人　諏訪部 貴伸
発行所　repicbook（リピックブック）株式会社
〒353-0004　埼玉県志木市本町5-11-8
TEL　048-476-1877
FAX　048-483-4227
https://repicbook.com
印刷・製本　株式会社シナノパブリッシングプレス

ISBN978-4-908154-42-3